AMAZING
PLACES

原来世界这么奇妙

神奇的地方

［意］米拉达·科伦坡　著
［意］比阿特丽斯·塞罗基　绘
林凤仪　译

GUANGXI NORMAL UNIVERSITY PRESS
广西师范大学出版社
·桂林·

目 录
CONTENTS

▲ 意大利罗马斗兽场

▲ 埃及胡夫金字塔

▲ 德国新天鹅堡

▲ 约旦佩特拉古城

澳大利亚悉尼歌剧院

秘鲁马丘比丘遗址

▲ 西班牙圣家族大教堂

▲ 中国长城

印度泰姬陵 ▲

希腊帕特农神庙 ▲

智利复活节岛石像 ▲

▲ 英国巨石阵

印度泰姬陵

　　沐浴着阳光的大理石圆顶，让人联想到白色的蛋白酥。我们眼前的这座建筑物既不是神庙，也不是美轮美奂的宫殿，而是皇帝沙·贾汗为了纪念已故的爱妃，为她修建的举世罕见的陵墓。这座镶嵌着奇珍异宝的陵墓坐落在印度阿格拉城市边缘的亚穆纳河岸边。想象一下，此时此刻，你就站在印度泰姬陵前：映入你眼帘的是沙·贾汗"滴落在永恒时间中的一滴泪珠"，近400年岁月悠悠，在它面前不过弹指一瞬。

发现惊喜

大门的前后设计相同，上面各有11个圆顶。

宏伟壮丽的大门由红砂岩筑成，上面有22个小小的圆顶：它们象征着修建泰姬陵所花费的时间。

千万别忘了自拍！坐在大理石长凳上，背后就是泰姬陵和中庭花园——这座花园是天堂花园的象征，被十字形的水道分成4个部分。

停下来观察陵墓入口的拱门，你会发现，上面刻着经文。从下往上阅读，你还会发现越往高处字越大，这是为了在视觉效果上让字看起来一样大。

想要进入泰姬陵，你必须先脱掉鞋子。王妃的石棺居正中，略小；偏左的石棺稍大，为皇帝沙·贾汗的石棺。

学习新知

承袭查赫巴格风格的泰姬陵花园独具特色，它的四周被笔直而规整的围墙所环绕，这样的四边形花园又被人行道和流水分割成了4个部分，除此之外花园中还增加了池塘、喷泉、人造沟渠等。

旅行必备

● 一双袜子：进入泰姬陵前必须脱鞋，最好穿一双厚袜子，光脚踩在大理石地板上很凉！

● 一本《泰戈尔诗集》：泰戈尔这位印度诗人曾写下这样的句子："泰姬陵是光阴面颊上的一颗永恒的眼泪。"

观赏玩味

在泰姬陵的外墙上镶嵌着众多宝石，有水晶、玛瑙、绿宝石等。4个较小的圆顶簇拥着最高的圆顶，4座尖塔环抱着中央的建筑。你是不是觉得4座尖塔有点儿向外部倾斜？有的学者认为，它们是被特意设计成这样的，这样设计是为了在发生地震时，周围的建筑不会倒向中间的陵墓。

1001个故事

在皇宫中，每年都会举行一次这样的活动：宫廷中的女人扮作商人，在"皇家集市"出售丝绸和珠宝。绝色美人阿姬曼·芭奴将玻璃珠卖给皇帝的儿子沙·贾汗。因为爱情，王子高价买下了这些普普通通的玻璃珠。嫁入宫廷后，少女阿姬曼得到了一个新的称号——泰吉·玛哈尔（意思是"宫廷王冠"），集三千宠爱于一身。不久之后，沙·贾汗继位称帝。1631年，泰吉·玛哈尔在生第14个孩子时不幸去世。沙·贾汗曾向她承诺，一定会实现爱人的最后一个愿望：永远记住她。

人物传奇：沙·贾汗

泰姬陵的设计者是一个情深义重的男人：沙·贾汗。因为爱人离世，他一夜间愁白了头发，郁郁寡欢，并禁止在宫廷里举办任何娱乐活动。随后，他召集全天下的能工巧匠，花了22年的时间建起这座宏伟的陵墓。每天早上，他都沿着河岸去工地视察。因为这项劳民伤财的大工程，沙·贾汗被关进了城堡，遭到软禁。值得庆幸的是，他还可以从窗口眺望那座为爱人所建的宫殿。

赞叹连连

坐在泰姬陵前面的花园里，你会发现这座大理石宫殿永远都在变化，像是一个时刻更新的爱情承诺。随着天气条件的改变，它每个小时都会发生变化——早上是粉红色的，白天是乳白色的，黄昏是深红色的，在月光下则是金色的。

埃及胡夫金字塔

　　埃及已发现的金字塔有100多座，其中最著名的3座金字塔位于开罗近郊的吉萨高原上：它们屹立在沙漠之中，直指湛蓝的天穹。其中最大最雄伟壮丽的那座，就是名列"世界七大奇迹"之一的胡夫金字塔。胡夫金字塔由巨大的花岗岩层层堆叠而成，整个金字塔的重量约684.8万吨。不过，这些数据还不足以使它成为建筑奇观。从几何结构上看，金字塔是完美无缺的。在古埃及人眼中，金字塔是天神在人间的陵墓，而法老则是天神的化身。

发现惊喜

想在吉萨高原的金字塔间漫步吗？请你骑上骆驼，开始一段晃晃悠悠的旅程吧！和狮身人面像打个招呼，在胡夫金字塔、哈夫拉金字塔和门卡乌拉金字塔之间自在穿行。

深吸一口气，朝着胡夫金字塔深处进发。别害怕，我们沿着狭窄黑暗的过道向上攀登，十几分钟就能走到尽头！

穿过47米长的大走廊，我们来到了法老的墓室。这里只有几块红色的花岗岩和一个空石棺：胡夫法老的木乃伊并不在其中。

胡夫金字塔旁出土了大木船，被存放在简易搭成的"博物馆"中，我们可以走进这条43米长的"船"里仔细参观。古埃及人认为，这条船能载着胡夫法老的灵魂驶向冥界。

旅行必备

● 传统的阿拉伯头巾：它可以把你的头包裹得严严实实，使其免受强烈阳光的照射。

● 注意事项：金字塔的内部有点黑，建议携带一个手电筒，千万不要从外面攀登金字塔，那是很危险的事情。

1001个故事

胡夫被古希腊人称为"齐奥普斯"。在当时，他是整个埃及最有权势的人。当他还是个孩子的时候，就成了法老。长生不死是胡夫的终极梦想。那是某一年的夏天，当尼罗河再次泛滥并为人们带来了肥沃湿润的泥土时，他下令，要建造埃及有史以来最令人惊叹的坟墓——一座巨型金字塔。20多年后，祭司将胡夫的尸体清洗干净，把他的内脏取出，然后在其体内填入香料，再用亚麻绷带层层包裹住躯体，制成木乃伊。就这样，胡夫便准备好"永生"了！

人物传奇：狮身人面像

狮身人面像被称为"斯芬克斯"。它犹如一个身材魁梧的卫士，守护着陵墓和法老"永恒"的生命。它拥有狮子的身体和人的头颅，高约20米、长约73米，由一整块巨石雕刻而成，是全世界最古老最大的雕像之一。斯芬克斯脸上的表情如此神秘，人们不禁猜测：身处茫茫沙海，它的思绪将飘向何方？据说，世界上最古老的谜语就是斯芬克斯出的，你来试试能不能猜到谜底吧："什么动物早上用四条腿走路，中午用两条腿走路，晚上用三条腿走路？"

赞叹连连

想象一下4500多年前胡夫金字塔的样子：除了塔尖被漆成金色，金字塔其余部分都涂上了一层薄而平滑的白石灰，仿佛是一面巨大的镜子，在沙漠中反射着太阳的光芒。

观赏玩味

胡夫金字塔看起来像一个巨大的帐篷，完美无缺，令人惊叹。它原高约146.5米，在过去的3500年里，它都是世界上最高的建筑。为了建造胡夫金字塔，10多万名工匠花了近30年的时间搬运了数百万块石块，石块的重量从2吨到600吨不等。那时候没有轮子或者铁铸的工具运输石块，只能用木橇：奴隶们先将沙子打湿，然后把石头放在木橇上，在沙漠中拖动滑行。不过，他们是如何将巨大的石块吊到半空，直到装上塔顶的呢？这至今仍是未解的谜团。

中国长城

俗话说："不到长城非好汉。"长城不仅仅是宏伟的防御工事，也是令人惊叹不已的建筑奇观，在2007年被选为"世界新七大奇迹"之首。长城迂回曲折，像一条巨龙在崇山峻岭间逶迤盘旋，时隐时现。请你爬上长城，听听那些古老的故事吧：长城凝聚着中华民族的智慧和汗水，也是中华儿女的精神寄托之一。2000多年前，数百万人建造出这一令人惊叹的工程，它的长度可以绕地球半圈有余。

发现惊喜

要在长城这条"巨龙"的背上走完几千千米，显然是不可能的，你最好从中选一段路去攀登。想听听我的建议吗？千万不要在人多的时候扎堆参观，容易造成出行不便，影响参观效果。

如果你想在长城上过一把"哨兵"的瘾，慕田峪长城是最好的选择。这一段路景色雄奇，林木葱郁，享有"万里长城，慕田峪独秀"的美誉。准备好登长城了吗？

从众多烽火台中挑选一个，想象自己是一名士兵，正全神贯注地盯着地平线：骁勇的蒙古铁骑很可能在你意想不到的时候出现！

想换一种方式下山吗？如果你不害怕，坐上滑板，沿着特别修建的滑道下山吧。准备好了吗？出发！

学习新知

中国人将长城称作"万里长城"，意思是"长达一万里的城墙"。事实上，这只是一种修辞手法，表达的是长城的长度是一个很大的数字，大到无法计量的意思。

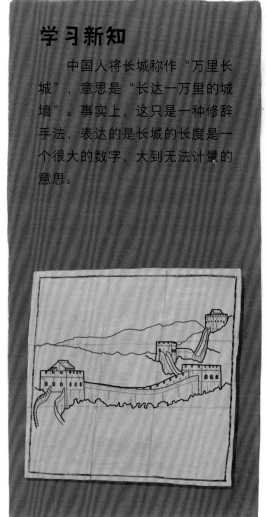

旅行必备

● **登山装备**：别忘了准备舒服的鞋子、登山杖和运动衫，还有一壶水，因为登山很累的。

● **照相机**：该如何纪念这次难忘的旅行呢？可以在最吸引你的地方拍张照片。

人物传奇：秦始皇

秦始皇成为秦国的王时还只是一个少年，但他一直有个梦想：统一中国。他成功地征服了一个又一个诸侯国，公元前221年，他宣布自己为皇帝。秦统一六国后，中国逐渐有了统一的货币、文字和计量单位。为了防御敌人，他下令修建宏伟的万里长城，将北方的旧城墙连接起来。他命人建造巨大的陵墓，让工匠制作了成千上万个兵马俑。

1001个故事

驻守在长城上的哨兵在烽火台上发出警报：敌兵出现了！现在该做什么呢？点燃烽火！一股浓烟冲天而起。古代燃放烽烟用得最多的是艾蒿、苇条、沙柳、梭梭草、骆驼刺、牛羊马粪等，均是就地取材。

观赏玩味

万里长城蜿蜒曲折，墙体用黏土或砖石筑成，高度可达7.8米。城墙外部覆盖着光滑的条石，可以防止敌人攀爬翻越。长城上有行道，可供4匹马并驾齐驱。可以用来存放食物和武器。每隔几千米还设有一座烽火台。

赞叹连连

长城就像一条蜿蜒的巨龙，以前，没人知道它在哪里结束，也没人知道它究竟有多长。根据近年来测算的结果，中国历代修筑的长城总长度约为21 196.18千米，其长度已经超过了地球赤道周长的一半。

智利复活节岛石像

  复活节岛是一座火山岛，它的形状像一个巨大的三角形。它的周围是一望无际的大海，这样的位置令它显得偏远又孤独。近千个石头巨人散落在岛屿各处，仿佛是小岛的守卫，又像是一个调皮的孩子给玩具士兵画上了脸孔，然后把它们整齐地排成一排。这些石像被称为摩艾石像，它们面对着太平洋，静静地守卫着复活节岛。这些石像是由谁建造的？是用来了什么的？我们至今没找到确切的答案。不过别灰心，这些石像之所以那么迷人，正因为它们本身就是个谜。

发现惊喜

复活节岛被太平洋环抱着，生活在岛上的拉帕努伊人与世隔绝，因此，他们很容易就认为自己是这个星球上唯一的居民。

换上舒服的鞋子，骑上自行车，让我们从安加罗阿镇出发。这里是一切开始的地方：拉诺廓火山的喷发形成了这座岛。我们今天依然能看到火山口的遗迹，它看上去像一只巨大的空碗。

拉诺·拉拉库火山口是摩艾石像的诞生地。从山上放眼望去，可以看到几百个未完工的石像。我们不禁猜想：究竟是谁创造了这些石像？

面向大海，拍一张令人难以置信的照片吧：阿胡通伽利基的15个摩艾石像排成一排，守护着火山。最后，我们在阿吉维找到7个摩艾石像，这是唯一一组面向大海的石像。

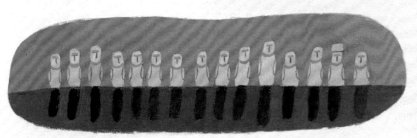

旅行必备

- 登山鞋：这是踏上寻找摩艾石像之路的必备装备。
- 指南针：复活节岛的东北部有一块名为特皮托库拉的圆石块，意思是"地球的肚脐"，直径有1米左右，这块大石头会产生微弱的磁场，如果我们将指南针放在上面，指针就会乱转。

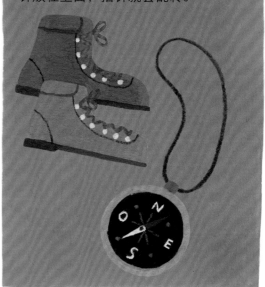

学习新知

在当地人的语言中，复活节岛被称作"拉帕努伊"（意思是"石像的故乡"）和"赫布亚"（意思是"世界的肚脐"）。那么，现在的名字是怎么来的呢？荷兰探险家雅各布·罗杰文在复活节那天发现了这个岛，便给它取名"复活节岛"。

人物传奇：拉帕努伊人

拉帕努伊人是复活节岛上的第一批原始居民，他们坚信自己是地球上唯一的人类。近年来，学界有一种观点认为，拉帕努伊人并非来自南美洲，更不可能是外星人。他们乘着小木筏，从波利尼西亚来到了拉帕努伊。关于他们，最大的未解之谜是他们的文字——由刻在鲨鱼牙齿上或有黑曜石斑点的木板上的象形文字组成，被称作"朗格朗格"，至今我们仍旧无法将它们完全破译出来。

1001个故事

很久很久以前，有一座天堂般的岛屿。在那里，长耳朵的人统治着短耳朵的人，强迫后者为他们雕刻巨大的石像，并用大木桩来运输这些石像。石像不断增多，树木不断减少，最后整个岛屿都变得光秃秃的。一场可怕的战争爆发了，短耳朵的人获得了胜利，作为报复，他们将大部分未完成的石像丢在了一旁。

赞叹连连

沉默不语的摩艾巨石人像，似乎在向人们发出挑战："你能搬动我吗？"不过，还真有人把它们从火山口的"加工厂"搬到了现在的位置。他们是如何做到的呢？这些人用绳子绑住石像的头部，在石像身下横着摆放滚木，然后用力拖着它们上坡或下坡，石像就"走"起来了。

观赏玩味

竖立着的已完工的石像中，个子最高的石像叫帕罗，身高10米左右，重约75吨（相当于20头成年大象的体重）。摩艾巨石人像的个头都差不多，它们的表情也如出一辙：一脸严肃，心事重重。这些石像是由火山石雕刻成的。它们的鼻子和眼睛都很大，还长着长长的耳朵。这些石像被放在一种名叫"阿胡"的底座上（类似于某种祭台）。不过，大部分石像只有脑袋露在外面，身子被埋在地下。有些石像还戴着名叫"普卡奥"的"红帽子"，另一些石像则什么装饰都没有。

西班牙圣家族大教堂

　　建造这座教堂的灵感来自大自然，这座教堂也成为人类巧夺天工之技艺的见证。教堂的设计师安东尼奥·高迪在建造教堂的时候，也证明了自己的信仰。巴塞罗那的圣家族大教堂与众不同，它的正面像一本摊开的书，教堂内部则像一座森林，所有的"树干""树枝"和"树叶"都是石头做的。最让人感到不可思议的是，这座大教堂已经修建了100多年，到现在还没有完工，依旧矗立在一片工地中。多亏了人们的捐赠，教堂才能继续修建，高迪的遗愿也才有望实现。

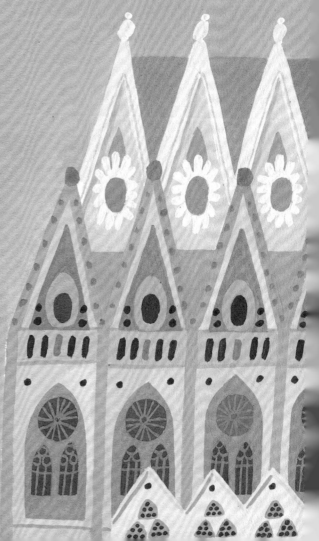

发现惊喜

朝着那座看起来像白蚁塔或沙子城堡的建筑前进吧，那就是我们的目的地：圣家族大教堂。它也是巴塞罗那全城的标志性建筑物，比当地的蒙特惠奇山低一点。

高迪用教堂外3个方向的"立面"雕塑讲述了宗教典籍中的经典故事，他将"立面"的每一个细节都设计得完美无缺，但目前至少还有一个立面尚未完工。"立面"被誉为圣家族大教堂最具观赏价值的艺术巅峰之作。

来"立面"寻找"幻方"吧！仔细观察石板上的数字，像玩数独游戏一样，将它们加在一起，不管是横着、竖着还是斜着，算出来的数字都是33。

1	14	14	4
11	7	6	9
8	10	10	5
13	2	3	15

你知道吗？高迪"从未离开"过这座令人惊叹的艺术圣殿。在他去世后，人们将他葬在了圣家族大教堂的地下墓室中，并继续着他未竟的梦想。

人们缅怀高迪并继承了他的事业

学习新知

圣家族大教堂的建设没有得到政府的任何资金支持，最初的建设资金来源于个人捐赠，后来的门票收入也是建设教堂的重要资金来源。

旅行必备

● 泳衣和太阳镜：用了很长时间游览完圣家族大教堂之后，再也没有比在沙滩上享受日光浴更幸福的事情了。

● 高迪的涂色书：如何在游戏中认识高迪的作品呢？来看看这本书吧，书中的宫殿、公园和教堂，全都是这位西班牙天才建筑设计师灵感的结晶。让我们和色彩一起出发吧！

1001个故事

"一切都变了。"约瑟夫·博卡贝拉透过书店的窗子向外眺望，他感到现在的城市正在逐渐地失去灵魂，他萌生出一个想法：在郊区买一块土地来建造教堂，一切费用由人们自愿捐赠。1882年3月19日，圣何塞节这天，约瑟夫·博卡贝拉放下了第一块石头，为大教堂奠基，他相信，这座教堂终将唤醒人们沉睡的心灵。

观赏玩味

2026年，是高迪逝世一百周年，如果圣家族大教堂于那时完工，将会以172.5米的高度成为欧洲最高的宗教建筑。这座建筑有几座很高的尖塔（现在只有8座，完成后有18座），位于教堂东面的"立面"是唯一一个在高迪本人监督下完成的"立面"。教堂内部的柱子让人想起石化森林中的"树木"。在一天当中的不同时刻，教堂里的彩色玻璃会折射出不同的光芒。

人物传奇：安东尼奥·高迪

安东尼奥·高迪生于西班牙，是巴塞罗那城中远近闻名的"疯帽子"①。这位想象力极其丰富的建筑师设计的房屋外墙，让人联想到骑士与恶龙之间的决斗，阳台像猛兽张开的嘴巴，公园仿佛是蝾螈的栖息地。或许是因为高迪从小热爱大自然，所以怀着一颗虔诚的心，他毫不犹豫地接受了这个伟大的计划：在人们的捐赠下设计并建造一座宏伟的教堂。除了高迪以外，从未有一位现代建筑师敢于接受这样的挑战。高迪将他人生中最后40多年的光阴都奉献给了圣家族大教堂。

———————————————
① 疯帽子：童话《爱丽丝梦游仙境》中的人物，这位疯疯癫癫的帽匠擅长制作帽子，并且在制作中加入许多的奇思妙想。此处借这个人物表现安东尼奥·高迪想象力丰富。

赞叹连连

当艺术模仿自然时会发生什么？会诞生非同寻常的奇迹，例如圣家族大教堂。尖塔像孩子们堆的沙雕，教堂内部的柱子像石头森林里的树，楼梯的形状像一只圆圆的蜗牛。因为自幼体弱多病，高迪无法和小朋友们一起奔跑嬉戏。他便常常静静地观察花朵、动物和树木，一看就是好几个小时。从那时起，他就深信：大自然是最杰出的艺术品，能赋予他很多灵感。

墨西哥奇琴伊察古城遗址

　　几个世纪以来，丛林忠心耿耿地守护着奇琴伊察古城遗址，它仿佛是来自童话故事中神秘王国的"睡美人"。奇琴伊察是墨西哥一个小小的城邦，2000多年前，玛雅人为了纪念羽蛇神，在墨西哥建起这座非同寻常的小城。奇琴伊察古城拥有金字塔神庙、天文台、球场和武士神庙，被评为"世界新七大奇迹"之一。"奇琴伊察"的意思是"在伊察水井口"，这里还有一座"爱唱歌"的金字塔，一年365天，不管你哪一天来，都能听到它的"歌声"。

发现惊喜

把翠绿的森林留在身后，走进古老的玛雅城邦，来到奇琴伊察的中心，站在库库尔坎金字塔面前。

这座金字塔看起来有点吓人：它约有30米高，张着大嘴的"羽蛇神"守护着楼梯的两边。你可别被吓跑了，它只是看起来可怕而已！

你知道吗？在这里你能听到一支神奇的歌曲，像绿咬鹃（玛雅人心目中的神鸟）的叫声。拍拍手，声音会在每一级台阶上轻轻弹跳，所有的回声汇合在一起，就形成了我们听到的鸟鸣啁啾。

金字塔不仅仅是你看到的那样。走进金字塔内部，你会发现它像一个俄罗斯套娃，大金字塔里面还藏着两个小金字塔。在金字塔顶有一座神庙，里面有一座美洲豹雕像，还有传统的查克穆尔神像——他的身体微微倾斜，头部略微抬高。

赞叹连连

玛雅建筑师在这些建筑物上营造出一种不可思议的视觉效果。当白天和夜晚的长度相等时，也就是春分和秋分来临之际，一条长着羽毛的巨蛇就会顺着库库尔坎金字塔的楼梯缓缓爬下……别害怕，那不过是光影的把戏。塔底部雕刻的蛇头和塔尖上雕刻的蛇尾被阳光照在阶梯上投下的阴影连接在一起，宛若一条巨蛇。这一切都要归功于玛雅人对几何知识和天文知识的了解。玛雅人很可能想通过这种方式表达对"羽蛇神重返人间"的期盼。

旅行必备

🍂 一顶草帽：和墨西哥人一样，你必须准备一顶具有本地特色的"头部饰物"来遮挡阳光，那就是中间呈圆锥状的草帽。

🍂 一个秘方：和你分享一个制作巧克力饮料的秘方，国王们都对它如痴如狂呢——可可粉加水，再来一点辣椒！

观赏玩味

想象一下，让时光倒流，走进奇琴伊察城邦，深入这座建立在水井旁的城市。雄伟的金字塔上雕刻着"羽蛇神"，四方形的底座上有4座楼梯。金字塔周围是广场、热闹的集市、球场，还有柱子上雕刻着花纹的武士神庙。你还会看到一座椭圆形天文台，它还有一个雅号：蜗牛（在这个椭圆形的建筑里，有一座螺旋式上升的楼梯，看起来像蜗牛壳）。建筑边沿放着的石头杯子里可以装满水用来反射星空，玛雅人在这里观测星象、编写日历。

1001个故事

这大概是世界上难度最高的球场，高约12米的围墙圈出了球场的范围，墙壁上装饰着石环。每队有7名运动员，他们用膝盖、腰臀和手肘击打比西瓜还重的橡胶球，想尽办法把球运入对方的石环内。这场比赛代表神灵和黑暗势力的战争，橡胶球代表太阳。

学习新知

在玛雅语中，"库库尔坎"表示"带羽毛的蛇神"。传说库库尔坎向玛雅人传授了他的知识，然后消失在海洋中。

人物传奇：玛雅人

玛雅人是建筑师、天文学家、数学家、战士以及农民，他们生活在距今3500年前的中美洲地区，他们相信，人是由神圣的玉米制成的。玛雅人拥有自己的城邦，崇拜羽蛇神库库尔坎和雨神查克。最令人难以置信的是他们创造了和现行历法十分相似的太阳历。数字"0"的用法也是玛雅人首创。并且，他们发明了可以喝的热巧克力！

意大利罗马斗兽场

　　你第一次看到它的时候，肯定会惊讶得话都说不出来：罗马斗兽场气势恢宏，历史悠久，坐落在有2000多年历史的罗马古城中。你面前这座举世闻名的圆形建筑，很像一个现代的体育场。几百年来，罗马帝国统治者在这里举办了无数场令人难以置信的比赛，供贵族和统治阶级取乐：他们在竞技场里灌满水，驾着小型舰艇进行海战"演习"，还举行了残酷的人兽格斗。古罗马诗人马歇尔曾在斗兽场的落成典礼上赞叹它是世界上最顶尖、最伟大的奇迹。现在，让我们走进这座古老的建筑，看看它是否风采依旧。

发现惊喜

你可以试想一下：眼前看到的一切，并不是罗马斗兽场的全貌，还有许多未曾见过的"神秘区域"，等待你去发现。准备好了吗？你将深入地下，也会直升天空。

来到圆形露天角斗场的地下，你会发现这里曾被沙子和木板覆盖。像古老的角斗士一样在隧道中行走，你听到观众的欢呼声、狮子可怕的怒吼声了吗？

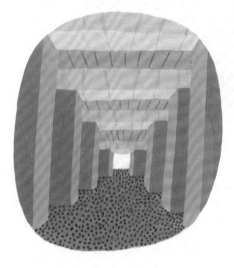

升降梯将动物们送进场内。柱子搭建的起吊系统，令人目眩神迷的舞台布景突然闪现，又突然消失。真是太神奇了！

仰望四周，在观众席的上方，长杆撑起巨大的帆布，这就是露天剧场的遮阳篷，用来遮挡灼热的阳光。如果有观众觉得呼吸困难，斗兽场中便会喷洒浸泡过藏红花的香水，并点燃香料。

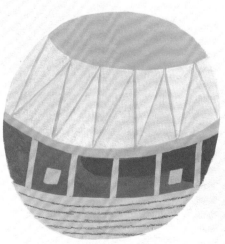

赞叹连连

你想亲眼见证一场激烈的海战吗？你想知道古罗马海军是如何在海上战斗的吗？罗马斗兽场可以实现你的梦想！利用斗兽场独特的位置，罗马人通过管道系统使雨水和河水汇入圆形露天剧场。斗兽场被水灌满，"海战剧"就要开始啦！

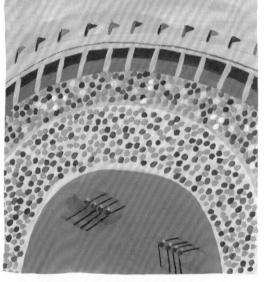

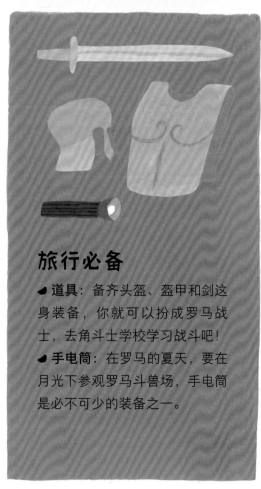

旅行必备

● **道具**：备齐头盔、盔甲和剑这身装备，你就可以扮成罗马战士，去角斗士学校学习战斗吧！

● **手电筒**：在罗马的夏天，要在月光下参观罗马斗兽场，手电筒是必不可少的装备之一。

人物传奇：角斗士

他们是古罗马的勇士，有时彼此斗个你死我活，有时和凶猛的野兽厮杀。角斗士们身穿彩色的束腰外衣，头戴附有面罩的头盔，披着闪闪发亮的金属盔甲。他们大多是因犯或者奴隶，也有一部分是自由人。经过庄严的宣誓，他们成为角斗士，并进入专门的学校接受训练。观众可以通过手势决定角斗士的命运。

1001个故事

罗马斗兽场原名"弗拉维安圆形剧场"，由皇帝韦斯帕西安下令建造，其子提图斯在位期间建成。斗兽场建成之后，罗马人举行了为期100天的庆祝活动。人们为什么要建这样一座斗兽场呢？因为这里曾经有一座尼禄的巨大雕像——而尼禄，是罗马人民最痛恨的皇帝。人们想毁掉和尼禄有关的一切东西，就推倒了雕像，在遗址上建起了这座斗兽场。

观赏玩味

这座巨大的斗兽场由石灰、混凝土等材料建成。斗兽场呈椭圆形，因此它一开始的名字是"弗拉维安圆形剧场"。在斗兽场中央有一个可以举行比赛和表演的舞台。中间的看台是皇帝和皇亲国戚的"专属区域"，周围是4层圆形的阶梯座位，可以容纳几万名观众。观看"表演"是免费的，但是座次和位置有着严格的规定：身着白袍的参议员坐在第一层，而平民和妇女只能坐在最上面一层。不管是在斗兽场的入口还是出口，贵族和普通百姓之间不许有任何接触。观众们穿过76个拱门（斗兽场有80个入口，其中的76个被普通观众使用）进入观众席。看到斗兽场的那个缺口了吗？想知道本来在那里的砖块去哪儿了吗？它们被拿去建造圣彼得大教堂了，这座建筑也在罗马城里。

学习新知

罗马皇帝使用"面包与娱乐"来获取百姓的拥护：向人们分发用来制作面包的小麦，并在罗马斗兽场中举办各种演出。

秘鲁马丘比丘遗址

　　据说，只有神鸟卡卡德鲁才知道如何让坚硬的石头变柔软。卡卡德鲁改变了石头的形状，在圣河乌鲁班巴河岸边，在茂密的丛林间，在最高的山峰上，创造了一座城市马丘比丘（在印加人的语言中是"古老的山"的意思）。在马丘比丘建成之后，卡卡德鲁咬断了自己的舌头，这样就没人知道它的秘密了。
　　这座失落的城市坐落在秘鲁的印加圣谷，直到今天，仍有一个不解之谜：固若金汤的堡垒，景色怡人的乡村，高大的天文观测台，神圣的庙宇，国王的夏季行宫，所有这一切，为什么要建在这里呢？

发现惊喜

一起来爬山吧！1911年，追随着印加人和探险家的脚步，人们终于发现了这座城市。这条通向马丘比丘的蜿蜒曲折的小路长约8千米。你要保持呼吸，因为高海拔会让你头晕目眩！

在失落之城的入口处，来一张自拍吧！背靠古老的圣山，身旁是可爱的羊驼，满眼都是令人惊叹不已的青翠！

想要探寻神秘吗？站在太阳神庙前，这里就是马丘比丘的最高点，你可以仰望天空，向太阳神表达敬意。你的面前有两扇窗子，每年南半球的夏至和冬至，太阳会通过梯形窗口直射神殿中的一块花岗岩。

接着，我们来到了相邻的华纳比丘山上的神殿。前往这座神殿要经过一个天然的洞穴，在神殿中可以俯瞰整个马丘比丘遗址。直到今天，我们也没能明白这种设计的用意。

学习新知

西班牙语单词"Quechua"意思是"克丘亚人"，在南美洲原住民的语言中写作"qishwa"，意思是"温带"。克丘亚人是印加人的直系后裔，现在仍然居住在安第斯山脉的土地上，使用克丘亚语——这是在印加帝国使用范围最广、最普遍的语言。

旅行必备

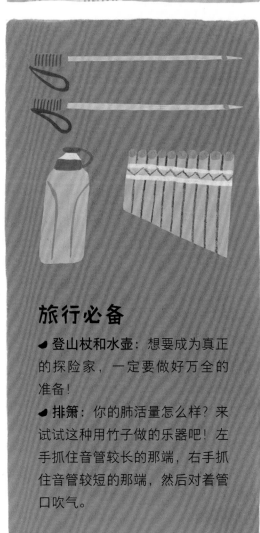

● 登山杖和水壶：想要成为真正的探险家，一定要做好万全的准备！

● 排箫：你的肺活量怎么样？来试试这种用竹子做的乐器吧！左手抓住音管较长的那端，右手抓住音管较短的那端，然后对着管口吹气。

人物传奇：印加人

    印加人认为自己是太阳神的后代。太阳神将自己的儿子曼科·卡帕克派到人间，出任印加帝国的第一位皇帝。英勇善战的印加战士在安第斯山脉间建立起一个幅员辽阔的帝国。人们在这里种植玉米和马铃薯，饲养美洲驼和羊驼，在石子路上走来走去。印加人没有发明钱币，不会制作轮子，也没有创造出可供我们学习和研究的文字。他们用"奇普"——一种打了很多绳结的小绳子来记录事情和算数：不同的颜色和不同的打结手法组合在一起，代表不同的单词和数字。

观赏玩味

    印加人在海拔2500米左右的山峰上建造了堡垒。高墙保护着建筑物，并将土地划分为小块的梯田，当作菜园或是田地。整个城市被分为农业区和城市区，其中有200多栋建筑：神庙、祭坛、房屋、喷泉、瞭望塔和天文台……按不同的社会地位，人们生活在不同的区域。

1001个故事

    "留下来吧，太阳！"祭司们希望通过在马丘比丘山顶上的这块石头让太阳停留在天上。这块石头被称为"拴日石"，也被称作"连接太阳的地方"。从某种意义上讲，这是一块"钟表"，像历法一样指导城市中的各种活动。据说，它还有一种神奇的力量：只要用额头碰一碰石头，就能看到想象中的世界。

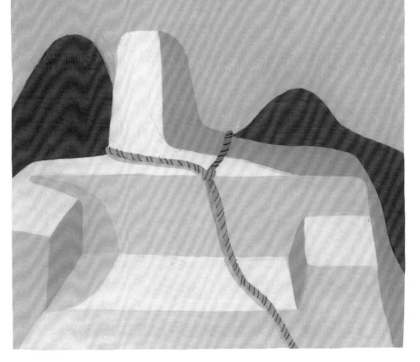

赞叹连连

    究竟是依靠着什么，这座历史悠久的古城能在如此险峻、地震多发的地方屹立不倒？看看这几千块纯手工切割的石砖吧，它们是由花岗岩和石英岩制成的，非常耐用。印加人将它们完美地镶嵌在一起，地震的时候，这些建筑不会倒塌，而是会随着震动一起摇摆，就像在跳舞。

德国新天鹅堡

　　这不是一个用"很久很久以前"开头的故事，因为新天鹅堡不是童话中的城堡，而是一座真实存在的建筑。这座城堡坐落于德国西南部的巴伐利亚州，这里绿树环绕，山清水秀。在这样一个令人心旷神怡的地方，出现了一座迷人的城堡，难怪新天鹅堡会成为全世界最受欢迎的旅游景点之一。这座雪白的城堡从苍山峻岭间探出头来，几乎成了群山的一部分。在这里，你可以一边喝茶，一边任思绪飘飞，很容易就会联想到贝尔、灰姑娘和睡美人。新天鹅堡是由一位疯狂的国王建造的，在他的梦中一直有一个童话般的王国。欢迎来到这座美丽的宫殿！

发现惊喜

今天，你收到了一封来自宫廷的邀请函！乘着马车，驶过玛利亚桥，尽情欣赏美丽的风景吧：巴伐利亚地区的阿尔卑斯山、茂密的森林，还有在峡谷间奔流不息的河流。

天鹅，天鹅，到处都是天鹅！在国王的寝宫里，甚至连洗手池的水龙头都是天鹅造型的。天鹅是路德维希二世最爱的英雄——罗恩格林的象征。

王位厅的主色调为蓝色和金色，是宫殿中最奢华的房间之一。遗憾的是，城堡中已经没有国王，因此不会再有国王的宝座，这个大厅也早已废弃不用了。

路德维希二世是如何度过闲暇时光的呢？当然是听理查德·瓦格纳的音乐！理查德·瓦格纳可是他最喜欢的作曲家！

学习新知

新哥特式：新天鹅堡的新哥特式风格取代了中世纪时期的建筑风格，并以此重现了勇敢的日耳曼骑士的传说和故事。

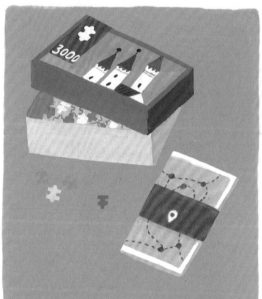

旅行必备

● 巴伐利亚浪漫之旅的地图：在这条大路上尽情驰骋吧！将每一座城堡尽收眼底，仿佛进入了德国中世纪的冒险故事中，快来实现你的公主骑士梦吧！

● 新天鹅堡的拼图：如何在自己家里重现美丽的新天鹅堡呢？买一张3000片的拼图，接受挑战吧！

观赏玩味

　　新天鹅堡坐落在高约1000米的岩峰上，隐匿在茂密的树林当中，只露出了尖尖的塔顶和城垛，宛如绿色波浪中透出的一痕白色蕾丝花边。它也是德国最古老的城堡之一。景观设计师、建筑师和工匠共同打造了新天鹅堡，再现了中世纪传说中的经典场景——路德维希二世的偶像理查德·瓦格纳曾经在作品中反复歌咏这些传说，让他如痴如狂。

　　这项工程持续了17年（原本预计只需要3年），设计稿中的200间卧室只有15间完工。不过，这位"疯了国王"在这座中世纪的城堡中应用了许多现代技术，从热风空调到自来水，从通电门铃到电话，甚至还在厨房里安装了用来运送食物的货运电梯。

赞叹连连

　　望着新天鹅堡，你想到了什么呢？童话中的一幕幕场景在眼前出现：灰姑娘和王子翩翩起舞，睡美人被一个吻唤醒。事实上，沃尔特·迪士尼曾将新天鹅堡作为原型，把它放进自己的动画里，迪士尼乐园门口的城堡也是仿照新天鹅堡的样子设计的。

人物传奇：国王路德维希二世

　　路德维希二世年轻时向来独来独往，一双蓝色的眼睛里满是忧郁。即便在他成为国王后，他仍然没有放弃心中的念头：创造一个真正的"梦幻城堡"。这项工程耗资巨大，甚至掏空了国库，可是路德维希二世一点都不在乎。他亲自监工，但他并没有多少机会在这座城堡里居住，因为在城堡完工前，路德维希二世就离开了人世。

1001个故事

　　很久很久以前，有一个名叫埃尔萨的少女，被人诬告杀死了自己的弟弟。国王帕西法尔派王子罗恩格林为少女战斗，并娶她为妻。金发骑士在天鹅的带领下，救出了埃尔萨，并和她结为夫妇。罗恩格林让埃尔萨答应自己一个条件：绝不问起他的姓名、出身与过去。但是，年轻的埃尔萨对这位神秘的骑士太好奇了，忍不住向他问起了他的名字。最后，罗恩格林不得不说出了自己的身份，并遵守承诺，离开妻子，返回圣山。

约旦佩特拉古城

在约旦的沙漠和海洋之间，在穆萨山谷之中，藏着纳巴泰人的七彩城市——佩特拉古城。你必须在天还没亮时就动身，穿过一条狭窄的通道，在黎明时分抵达高原。钻出通道，"金库"（这是哈兹纳赫殿堂的别称）就在眼前。它曾被历史的风沙掩埋，后又被人发现。奇形怪状的石头上刻着神秘的图案和文字，其手法令人惊叹不已，好一个神奇的地方！尽管那些美丽的宫殿、喷泉和雕像都被海盐和海风侵蚀，还有一部分仍旧被埋在沙子中，可它们依旧能将我们带回《一千零一夜》故事中的城市。站在这个属于"世界新七大奇迹"的古城门口，你知道进门的咒语吗？

发现惊喜

大声喊出"芝麻开门",假装自己是《一千零一夜》中的阿里巴巴。一条长1500米、高150多米的峡谷裂缝便出现在你的眼前,没错,这就是传说中的"蛇道"。

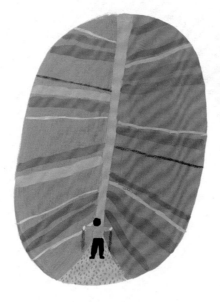

你可以选择步行或骑骆驼穿过这条狭窄的通道。有一段路格外狭窄昏暗,如果你伸开双臂,几乎能触碰到两侧的石壁;有些路段则很宽阔,阳光照射进来,石头被染上一层玫瑰红的亮色。

走出狭窄的峡谷,视野豁然开朗。一眨眼,"金库"出现了!据说,神话中一位国王将他所有的财宝都藏进了山顶的坟墓中。

美丽的外墙就在你眼前,宙斯之子卡斯托耳和波吕克斯的塑像守护着宫殿的大门。这里也是电影《夺宝奇兵3》的取景地。当年,电影主角印第安纳·琼斯站在这里,看到如此美景,震惊得一句话都说不出来。

赞叹连连

佩特拉古城是在一种神奇的岩石上雕刻而成的:沙漠中的沙粒形成了砂岩,经过海风和流水的打磨,砂岩变得质地柔软,容易雕刻。除此之外,它还有一种特殊的本领:可以在一天当中变换颜色。黎明时分是粉红色的,日暮时分是红色的,接着变成白色和黄色,还带有一丝浅蓝和黑色。那是因为在石头成形的过程中,不同矿物的含量不同,形成了无数人眼难以察觉的细微差别。

旅行必备

● **完美探险家的全套装备**:帽子、轻便的徒步鞋、防晒服和照相机。
● **童话故事和电影**:再读一遍《阿里巴巴和四十大盗》的故事,再看一遍《夺宝奇兵3》,跟随书中、剧中人物的足迹,开始一场属于自己的冒险之旅吧!

观赏玩味

佩特拉古城的外墙、雕像、拱门、墙壁和水池都是用砂岩雕成的。不过，令人遗憾的是，几个世纪以来，风沙裹挟着海盐严重侵蚀了这座"石头艺术品"。城中依靠蓄水池和管道提供淡水，昼夜不息。除了哈兹纳赫殿堂，这里还有一座剧院和一条商业街，1800级台阶引领我们走向雄伟的修道院。

1001个故事

一直以来，纳巴泰人都在寻找一个可以被称为"家"的地方。后来，他们找到了一条通往粉红山谷的小路，在石壁上雕刻出自己的城市，建造出宫殿、庙宇、街道和沟渠。有的人成了农民，有的人则成了牧民。整座城市成了一个"贸易集散地"，往来于东西方的商人在这里交易贵重的商品。

人物传奇：约翰·路德维希·伯克哈特

他是爱冒险的"印第安纳·琼斯"！旅行家伯克哈特毫不犹豫地假扮成一位穆斯林，寻找心中的"宝藏"——失落的佩特拉古城。这位探险家对阿拉伯文化十分热衷，讲得一口流利的阿拉伯语。1812年，他终于抵达了瓦迪穆萨——传说中这里是摩西（古代希伯来人的领袖）点出水的地方。为了获得沙漠中的居民贝都因人的信任，说服他们将自己带到佩特拉古城，约翰按照穆斯林的传统，在摩西之兄亚伦的坟墓前祭献了一只山羊。于是，在佩特拉古城建成1000多年后，终于有一名欧洲人走进了这座失落的城市，使它重新出现在世人的眼前。

学习新知

因为这里的石头会随着光线的变化而改变颜色，佩特拉古城的居民纳巴泰人便将这座城市称为"Reqem"或者"Raqmu"，意思是"五颜六色的城市"。

希腊帕特农神庙

　　帕特农神庙耸立在雅典卫城最高的山岗上，这是雅典城最神圣的地方。相传，智慧女神从宙斯的头部诞生，雅典城就是她的家。帕特农神庙的名字来源于雅典娜的别名"Athena Parthenos"，意思是"贞女雅典娜"，因为这位女神终身未婚。雅典政治家伯里克利主持了神庙的修建，他请来希腊最好的雕塑家菲狄亚斯，负责监督帕特农神庙的重建工作。菲狄亚斯建造了一座完美的神殿，他就像一个天才的魔术师，利用神奇的视觉错觉和几何学知识，让建筑物和雕像在人眼中呈现出完美的比例。

发现惊喜

让我们朝着雅典卫城出发——这是整座城市海拔最高的地方。早在约2500年前，这里就建起了许多美轮美奂的宫殿和庙宇。没有哪座希腊城市可与雅典城相提并论。

从公元前447年起，英勇的伯里克利将军开始建造一座宏伟的庙宇，用以纪念雅典战胜敌军的光荣战绩。

帕特农神庙的墙壁仿佛是一本大理石做的书。160多米长的大理石墙壁再现了神话中的各种场面。神庙的浮雕饰带上雕刻着一支浩浩荡荡的游行队伍，里面还有数百只活灵活现的奇珍异兽。

在帕特农神庙中，曾供奉着一座巨大的雅典娜雕像。据说，菲狄亚斯用了1000多千克黄金来打造雅典娜的盔甲和盾牌。

旅行必备

🖊 **笔记本**：你可以在笔记本上再现自己眼中的帕特农神庙。当然，和原作相比可能会有点变形。

🖊 **古老的故事**：你可以戴上耳机，一边在神庙中漫步，一边倾听古老的传说。瞧，墙壁上的图案不正是你在听的故事吗？

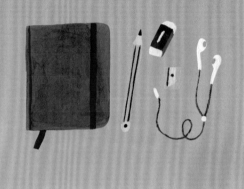

人物传奇：雅典娜

一连好几天，众神之神宙斯的头痛得不得了，他不得不请赫菲斯托斯用斧子劈开自己的脑袋：一个美丽的女孩出现了，她身穿铠甲，双眼炯炯有神。这世上再也没有比她更聪明的人了，雅典娜成了智慧之神，用她的聪明才智帮助人们在战争中取得胜利，维护和平。

1001个故事

很久很久以前，雅典娜和波塞冬两位天神为了争夺给这片土地命名的荣耀，他们约定：谁送给雅典居民的东西最有用，谁就能成为这座城市的守护神。波塞冬用三叉戟敲击地面，一匹战马飞奔而出，人们从未见过这样的动物。雅典娜将长矛投向地面，出现了一棵长着银色叶子的大树，它能治愈伤痛，给人们带来和平——这就是橄榄树。最终，雅典娜赢得了这场比赛，这座城市借用了她的名字，被命名为"雅典"。

赞叹连连

帕特农神庙简直太完美了！这全是菲狄亚斯的功劳。这位雕刻家使用了人类有史以来最完美的"魔法"：几何学。受到自然界中已有的几何形状的启发，再经过"视觉矫正"的加工，整座建筑的比例完美地适应人眼观察的角度。我们举个例子：边角的柱子较为粗壮厚重，这是因为在阳光的照射下，位于建筑两边的柱子会显得更细。除了神庙正中间的两根柱子以外，其他的柱子都略微向中间倾斜。如果不这样设计，每根柱子都笔直向上的话，在远处观察的时候，就会给人柱子外倾的感觉。因此，不管从哪个角度欣赏，神庙的整体都非常和谐，呈现出绝对的美。

观赏玩味

在高空俯视，帕特农神庙呈四边形，底座由3层台阶构成，东西两面有8根柱子，南北两侧有17根。整座建筑装饰精美、色彩鲜艳。神庙里有一个小房间，是雅典娜的"家"，这里只允许祭司进出。间板浮雕记述了战争的故事，饰带浮雕上的动物和游行队伍十分精美，栩栩如生。

学习新知

帕特农神庙的柱身和阶座直接相连，檐部高度约为柱高的三分之一，柱头上没有装饰，柱身也较为坚固，属于多立克柱式，是三种希腊柱式中最古老的一种（另外两种是爱奥尼柱式和科林斯柱式）。

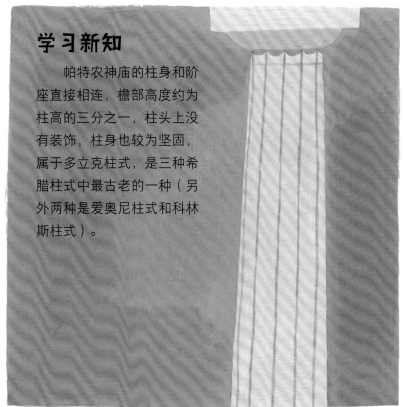

法国卢浮宫

卢浮宫是法国最大的皇家建筑之一，位于巴黎塞纳河的北岸。这座博物馆以前是法国王宫，从1204年建成至今有50多位国王及其王后曾在这里居住过。卢浮宫以收藏丰富的古典绘画和雕塑作品闻名于世，它也是文艺复兴时期最珍贵的建筑之一。

发现惊喜

卢浮宫现在是一座博物馆，占地面积约为1.98平方千米，分新老两部分。1981年，法国政府对这座精美的建筑进行了大规模的整修，从此卢浮宫成为专业博物馆。值得一提的是，卢浮宫正门入口处有一个透明的金字塔建筑，占地面积约0.24平方千米，是华人建筑大师贝聿铭设计的。

作为世界四大博物馆之一，卢浮宫馆藏物品多达40万件，可谓是"万宝之宫"。这里的镇馆三宝是世人皆知的《米洛斯的维纳斯》《蒙娜丽莎》《萨莫色雷斯的胜利女神》。同时，这里也是电影《卢浮魅影》《达·芬奇密码》的取景地。

卢浮宫馆藏虽然丰富，慕名而来的观众却难窥其真面目。因为它的6个展馆仅在星期一、星期三两天同时全部开放，而在一周内的其他4天里，总有一些大厅是不开放的，到了星期日只开一半，而且展品仅占全部馆藏品的三分之一。

置身于这些艺术珍品中，无论是谁，都会被艺术本身或隐含在其中的历史情绪深深感动——这正是卢浮宫的魅力。

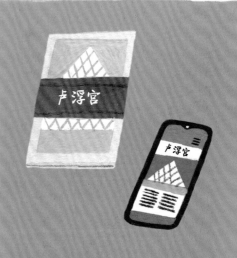

旅行必备

● 博物馆地图：金字塔下面的信息栏提供13种语言的地图，你也可以从博物馆的网站下载地图。

● 3D可视化路线图：博物馆提供的3D可视化路线图非常实用，记得带上手机，用手机下载应用软件，其中的3D可视化路线图能找到具体的艺术作品，并为你导航，便于你顺利到达陈列处。

赞叹连连

亨利四世在位期间，建造了卢浮宫最壮观的部分——大画廊。这是一条长达300米的华丽走廊，原来是连接卢浮宫和杜乐丽宫的通道。亨利四世常常从这个长廊前往杜乐丽宫，那里绿树成荫，是个休闲和打猎的好去处。

观赏玩味

所有的绘画作品中，最受瞩目的是达·芬奇1503年开始创作的不朽杰作《蒙娜丽莎》。它被放置在卢浮宫二楼中间的一个大厅里，挂在墙上。《蒙娜丽莎》被认为是第一幅侧重心理描写的绘画作品，她的微笑具有一种神秘的魔力。奇妙的是，无论从哪个角度看，蒙娜丽莎总是微笑地注视着你，生动又传神。

1001个故事

1190-1204年间，法国国王菲利普二世在塞纳河北岸修建了一座城堡，主要用于存放王室的档案和珍宝。这座城堡被命名为"卢浮宫"。

学习新知

卢浮宫是一座U字形的宏伟辉煌的宫殿建筑群，长约680米。最受人们推崇的是卢浮宫东立面，长约172米，高约28米，是欧洲古典主义建筑风格的代表作品。

人物传奇

1850年的一天，一个青年来到卢浮宫，流连于艺术大师的绘画作品中。接下来的6年，这个青年成为卢浮宫的常客，连门卫都熟悉他。1863年，他的两幅油画——《草地上的午餐》和《奥林匹亚》引起了法国艺术界的广泛关注，成为印象派年轻画家模仿的对象。这两幅油画的作者就是那个观摩大师作品的青年马奈。后来，马奈的《奥林匹亚》也被作为珍藏品收入卢浮宫，公开陈列，供人欣赏。

英国巨石阵

　　在碧绿的平原上，树立着一部石头"日历"，这里曾经被用来预测月食的发生。有人说，这是一块献给造物女神的圣地；或者是一个邪恶魔法师的作品，他把一群手拉手围成一圈跳舞的巨人变成了石头？真正的答案或许没这么神奇，也可能很普通。巨石阵已经在这里屹立了将近5000年，从一个神秘的故事，衍生出十几个更加神秘的传说。先别忙着把"悬空的石头"（"巨石阵"直译过来就是"悬石"的意思）排列成行，这些石头多得数不清，至少魔鬼是这样说的。在这个和金字塔一样古老的地方，让我们绕着这些石头转一转，一起发现藏在巨石阵背后的秘密。

发现惊喜

巨石阵外圈的石头体积巨大，每块石头的重量比十头大象加起来还要重。要想把它们从十几千米远的地方运过来，就必须使用木橇，将石块固定在上面，再由数百人去拉动它。最后用木支架和绳索将石头拉着、推着竖起来。

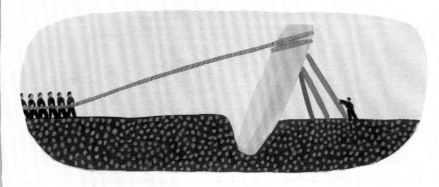

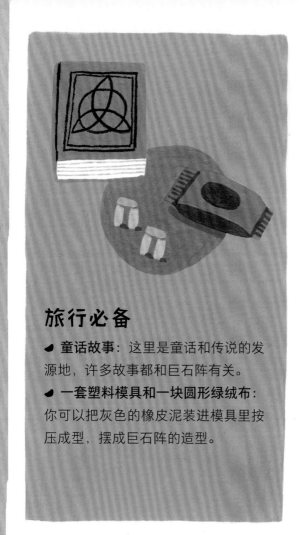

旅行必备

◢ **童话故事**：这里是童话和传说的发源地，许多故事都和巨石阵有关。

◢ **一套塑料模具和一块圆形绿绒布**：你可以把灰色的橡皮泥装进模具里按压成型，摆成巨石阵的造型。

仔细观察一下，在道路入口处有一块神似脚踵（脚后跟）的巨石，石头底部有一个脚印形状的印记。据说这是一个修道士的脚印，修道士招惹了建造巨石阵的魔鬼，于是魔鬼搬起石头砸了他的脚，谁知修道士的脚很结实，大石块不但没有伤到他分毫，反倒被撞出了一个小坑，恶魔只好愤然离去，留下了这块巨石。

学习新知

让我们讲一讲石头吧：一块垂直摆放的石头被称为"竖石"；两块竖石上横着放一块石板，这个组合被称为"三石塔"；许多个"三石塔"围在一起，就组成了"环状列石"，在英语中，这个词的意思是"一圈石头"，就像巨石阵一样。

除了外面一圈体积较大的石头外，还有一圈体积较小的"蓝石"。之所以这样称呼它们，是因为这些石头被打湿后会变成蓝色，并反射出浅蓝色的光。

巨石圈阵的中心曾经有5组三石塔，如今已经残缺不全了，不过还可以勉强看出来：他们围成一个马蹄形，马蹄形的开口位于石阵的东北侧，正对着夏至时日出的方向。从这里远望，就能看到高约5米的踵石，太阳的光芒正好会被它挡住。

1001个故事

据说，这些巨石是由外星人带来的。好好瞧瞧吧，谁能把这些庞然大物运到这里呢？还有一个传说是这样的——英国国王亚瑟·潘德拉贡想要用巨石建造一座纪念碑，用来纪念在索尔兹伯里英勇牺牲的战士。只有王国中最强大的巫师梅林能帮他实现愿望。这位留着长长的白胡子的巫师用魔法将巨石移到了索尔兹伯里，仿佛它们不过是建筑游戏里的积木。在巨石圈的中心位置，梅林放了一块石头，用来反射阳光。他将自己的石头作品称为"巨人之舞"。

人物传奇：德鲁伊特人

凯尔特人认为，德鲁伊特人是他们之中最有智慧的：这些聪明人从事着牧师、教师、法官、皇室顾问和占卜师等职业。他们可以和河流、树叶、森林及众神交流，将万物和神的想法转达给人类。在神话故事中，德鲁伊特人经常身穿白袍，在巨石阵演奏竖琴和小号，庆祝夏季和冬季的到来。

观赏玩味

再也没有比巨石阵更神秘的石头圈了。你若在高处俯瞰，巨石阵仿佛是一块放在绿纸上的指南针。一条深深的"环形旱沟"忠心耿耿地守卫着巨石，周围分散着56个大小不一的坑洞。乍看之下，石头似乎是随机放置的。最外圈的巨石是萨尔森石，以质地坚硬、不易切割著称，它们组成了"萨尔森圆圈"。

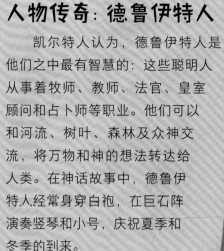

赞叹连连

据说，巨石阵是一个天文台，周围的坑、石头组成的圆圈就像跳棋的格子和棋子，通过阳光和石头的位置来计算天文历法。石头是按照日出和日落的位置排列的。直到今天，每当白昼最长的夏至日来临之时，阳光都会将巨石阵中央的祭坛石和巨石阵开口处对着的踵石连成一线。

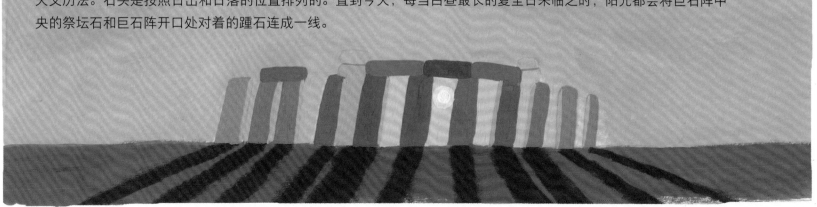

柬埔寨吴哥窟

几百年来，位于柬埔寨吴哥的宏伟寺庙——吴哥窟，好像中了神秘的魔咒，不过可不是邪恶女巫的"沉睡魔咒"！吴哥窟是整个东南亚最神圣的地方之一，曾先后被印度教徒和佛教徒当作心中的圣地。树皮像奶酪一样金黄的大树、低矮茂盛的灌木丛，紧紧依偎着用砂岩做成的城墙。高棉帝国覆灭后，娜迦的雕像和众神的脸孔便藏进了婆娑的树影，似乎已经和它们融为一体。走进这座"护世之神"毗湿奴的神殿，整个宇宙都展现在我们眼前。岁月悠悠，时光飞逝，时间小心翼翼地守护着这片美丽，实在让人印象深刻。

发现惊喜

参观这座"石头城"最有趣的出行方式，莫过于乘坐"嘟嘟车"了。拦下一辆束埔寨的三轮车，出发吧！我们的第一站，就是建成于1150年的吴哥窟。

第二站是巴戎寺，这是整个吴哥最"催眠"的地方。200多张带着神秘微笑的面孔雕刻在54座佛塔的塔尖上，不管你走到哪里，都逃不开他们的眼睛。有人说，国王阇（zhě）耶跋摩七世下令建造了这个地方，也有人说，这是佛祖的旨意。

回到吴哥窟，欣赏浮雕上飞天舞者阿普萨拉的曼妙舞姿，她们长相各异，姿势不同。

看到这5座塔了吗？它们是神话中须弥山5座山峰的象征，也是吴哥窟的象征。走过彩虹桥，你将看到诸神与恶魔之间的争斗，巨蛇娜迦也参与了这场战役。

赞叹连连

想要扮演印第安纳·琼斯或劳拉·克劳馥来一场秘境大探险吗？吴哥窟可以满足你的愿望。除了这里，世界上再也找不到第二个能和大自然融合得如此完美的城市。百年老树遮天蔽日，苔藓地衣俯首皆是，灌木丛环抱着古老的废墟，巨大的树根倚靠着墙壁，却没有将它们损坏一丝一毫。

旅行必备

🍃 **防晒霜和雨衣**：保护你免受日晒雨淋。

🍃 **格罗麻**：这种格子花纹的束埔寨围巾可以用来包裹头部，也能绕在脖子上或者缠在腰间，还可以被当作毛巾使用。

1001个故事

几千年前，巨蛇族娜迦生活在太平洋中的一个王国里。王子柏列唐爱上了娜迦国王的女儿，并向她求婚。娜迦国王大显神威吸光了海水，把露出来的土地作为女儿的嫁妆，这便是高棉的领土。国王将土地送给新婚夫妇统治，这就是今天的柬埔寨。

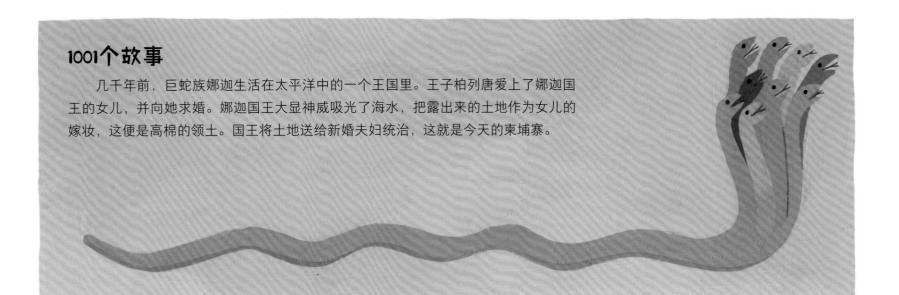

观赏玩味

用砂岩建成的吴哥窟象征着须弥山——这座山是印度教徒和佛教徒心中的圣山，被他们看作宇宙的中心。一座桥连接着吴哥窟和须弥山，它是彩虹的象征，连接着大地和天空。一切都处于完美的平衡中，每个细节都令人震惊：浅浮雕上雕刻着1796位天舞仙女，千人千面，形态各异。

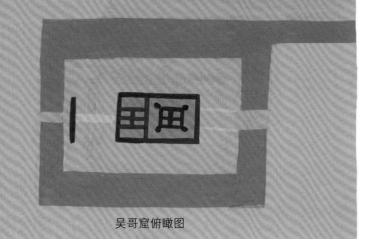

吴哥窟俯瞰图

人物传奇：苏耶跋摩二世

高棉帝国最强大的统治者是苏耶跋摩二世，他亲自指挥军队作战，毫不畏惧。据说，苏耶跋摩二世跳上叔父乘坐的大象，亲手将他杀死，最终夺得了王位。吴哥窟是他最伟大的作品，花了30多年的时间建成。这是一座设施完备的城市，全盛时期居住着100多万人，大约是当时伦敦人口数量的20倍。在今天的吴哥窟依然能看到苏耶跋摩二世的身影：在吴哥窟的石壁上到处都刻着这位国王的浮雕像。

学习新知

高棉人是柬埔寨人的祖先。古老的高棉帝国已经灭亡近600年。

澳大利亚悉尼歌剧院

悉尼歌剧院位于悉尼湾中心，坐落在一条名为"便利朗角"的三面环水的狭长地带，这里被用来展示澳大利亚的本土文化。悉尼歌剧院看起来像一片巨大的白色贝壳，又像一座帆船，准备驶向它面前的海洋。悉尼歌剧院是世界上最大的剧院，由一位丹麦建筑师设计而成，1973年英国女皇主持了启用仪式。跟袋鼠、考拉和冲浪板一样，它是澳大利亚的象征，也被人当作现实生活中的"奥兹国"①：在一年的363天中，这里的上千个房间里会举办几千场活动。你还等什么呢？赶紧进来吧！

①奥兹国：童话《绿野仙踪》中的神奇国度，澳大利亚的缩写为"aus"，和"奥兹"发音很像。

发现惊喜

和悉尼歌剧院保持距离，你才能更好地欣赏它。悉尼歌剧院仿佛是海洋的一部分，建筑内部的房间温度会随着海湾水域产生的能量而变化。

下面让我们来看一组数字：设计悉尼歌剧院耗时2年，历经14年建成，耗资1200万澳元，拥有900多个房间和数十家餐厅。

离开"大教堂音乐厅"，我们来到了拥有1550个座位的歌剧院。这里正演奏贝多芬的《第九交响曲》，就像在1973年的开幕典礼上一样。

芭蕾舞、音乐会、展览、会议……无数活动在这里举行。现在，让我们欣赏一下悉尼歌剧院的外观吧！每逢节日期间或一年当中的最后一个夜晚，白色的"帆船"就会亮起灯光，闪烁着五颜六色的光芒。

学习新知

不要称澳大利亚人为"Australian"，而应该叫他们"Aussie"，后者才是他们喜欢的称呼。可能因为"Aussie"是由"Australia"的缩写"Aus"一词演化而来。

旅行必备

● **百慕大短裤和晚礼服**：白天，你可以穿着百慕大短裤在悉尼歌剧院里到处闲逛；晚上，穿上最漂亮的晚礼服欣赏音乐会或芭蕾舞演出吧！

● **回旋镖**：这是澳大利亚原住民最古老的木制狩猎武器。把回旋镖丢出去，它会回到你的手中。但要注意安全哟！

赞叹连连

悉尼歌剧院的外貌令人叹为观止，内部的装潢也让人目不暇接。让我们从音乐厅开始吧：这个大厅完全由木头打造，采用典型的哥特式教堂风格。找个位置坐下，你可以把视线从高高的天花板上拉过来，你面前摆着有史以来最大的"管风琴"：这种特殊的结构，可以将声音自然地放大。

1001个故事

建筑师约恩·乌松是如何将14枚完美的"贝壳"搭建成歌剧院的呢？他请教过数学家、工程师和物理学家，还使用了澳大利亚第一台电脑来计算。几个月之后，澳洲政府不得不发行歌剧院彩券进行集资，用以支付不断增长的费用。灰心丧气的约恩剥橘子的时候突然灵光一闪，想到了解决方案：把歌剧院的屋顶造成圆形的，剥开的橘子皮就像展开的"大船帆"。

观赏玩味

这座"巨型帆船"位于海湾中心，足以容纳全世界最大的8架飞机。悉尼歌剧院没有正门，因此不管你从哪个角度看，它都十分完美。从外部设计来看，最令人惊叹不已的是船帆造型的波浪屋顶。两千多块混凝土"肋骨"构成一对对"贝壳"，组成拱顶，上面贴着的白色或奶油色的瓷砖能反射阳光。

人物传奇：约恩·乌松

约恩是一位海军工程师的儿子，他出生在丹麦的哥本哈根，这是一座与海为邻的城市。小时候，约恩梦想成为一名水手，后来他的想法改变了，或许成为一名帆船设计师也是个不错的选择。长大后他成了一位建筑师，为一座自己从未见过的城市设计了一座歌剧院。约恩的作品能够一举夺魁，是因为他比任何人都了解大海。建造歌剧院花了很多年，约恩甚至一度被解雇。他没参加歌剧院启用仪式，甚至没见过完工的歌剧院。毫无疑问，他才是悉尼歌剧院最大的功臣。

SHENQI DE DIFANG
神奇的地方

出版统筹：汤文辉
品牌总监：耿　磊
选题策划：耿　磊
责任编辑：戚　浩
助理编辑：宋婷婷
美术编辑：卜翠红
营销编辑：钟小文
版权联络：郭晓晨　张立飞
责任技编：王增元　郭　鹏

AMAZING PLACES
Author: Miralda Colombo
Illustrator: Beatrice Cerocchi
© Dalcò Edizioni Srl
Via Mazzini n. 6 - 43121 Parma
www.dalcoedizioni.it – rights@dalcoedizioni.it
Simplified Chinese edition © 2021 Guangxi Normal University Press Group Co., Ltd.
All rights reserved.

著作权合同登记号桂图登字：20-2021-113 号

图书在版编目（CIP）数据

神奇的地方 /（意）米拉达·科伦坡著；（意）比阿特丽斯·塞罗基绘；
林凤仪译. —桂林：广西师范大学出版社，2021.3
　　（原来世界这么奇妙）
　　书名原文：AMAZING PLACES
　　ISBN 978-7-5598-3499-7

　　Ⅰ．①神… Ⅱ．①米… ②比… ③林… Ⅲ．①名胜古迹－世界－儿童读物
Ⅳ．①K917-49

　　中国版本图书馆 CIP 数据核字（2021）第 013231 号

广西师范大学出版社出版发行
（广西桂林市五里店路 9 号　邮政编码：541004）
（网址：http://www.bbtpress.com）
出版人：黄轩庄
全国新华书店经销
北京盛通印刷股份有限公司印刷
（北京经济技术开发区经海三路 18 号　邮政编码：100176）
开本：965 mm × 1 092 mm　1/12
印张：6　　字数：80 千字
2021 年 3 月第 1 版　　2021 年 3 月第 1 次印刷
定价：84.00 元

如发现印装质量问题，影响阅读，请与出版社发行部门联系调换。

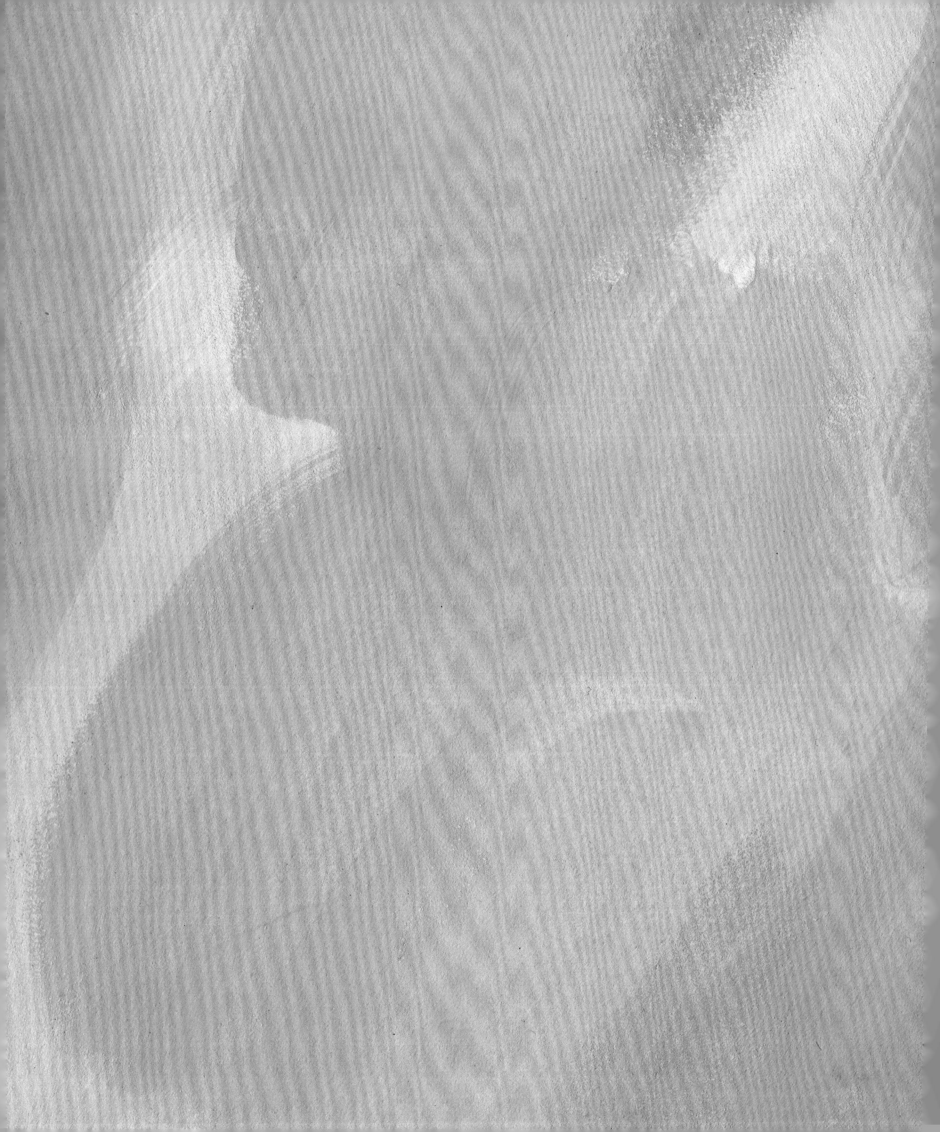